지구를 돌리며 왔다

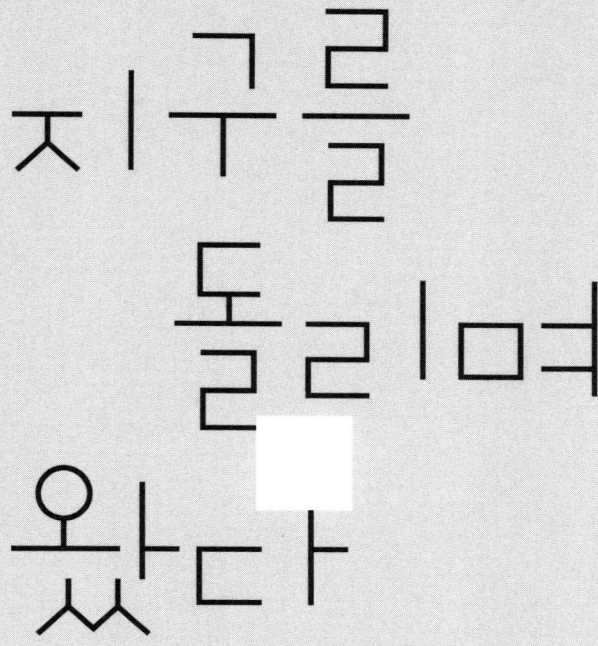

지구를
돌리며
왔다

시인수첩 시인선 093

이현정 시집

여우난골

| **시인의 말** |

고운 체로 가득 쳐서
결국 남은 낱말과

덜어내고 덜어내어
끝내 지킨 문장들

그리고 마지막까지
놓지 못해
글이 된
마음

2025년 2월
이현정

| 차 례 |

시인의 말 · 5

1부 | 뜨겁게, 남김없이 뜨겁게

뜨겁게 · 1 — 좌우명 · 13

뿔, 뿔, 뿔 · 14

뜨겁게 · 2 — 모서리와 모서리가 · 16

새벽에 잡은 소 · 18

베텔게우스에게 · 19

오답의 매력도 · 20

뜨겁게 · 3 — 가오나시를 만나다 · 21

자상(刺傷) · 22

토르소 혹은 절규 — 어느 얼굴 없는 조각상에 관한 소문 · 24

뜨겁게 · 4 — 슬쩍 · 26

수문을 열다 · 27

열대야 · 28

적란운 · 30

뜨겁게 · 5 — 냄비 받침의 시 · 31

2부 | 우주가 되는 공식

우주가 되는 공식 · 35

공전 · 1 — 조각달에게 · 36

공전 · 2 — 망(望), 망(望) · 37

화조도 · 38

관심 · 39

지구를 돌리며 왔다 · 1 · 40

흔한 이름 · 41

공전 · 3 — 상현의 낮 · 42

공전 · 4 — 그믐을 바라 · 43

야상곡 · 44

종이를 찢다가 · 45

묵음(默音) · 46

지구를 돌리며 왔다 · 2 · 47

유성우 · 48

3부 | 그 갸륵함에 대하여

미역, 그 갸륵함에 대하여 · 51

거꾸로 강을 거슬러 오르는 저 힘찬 피라미처럼 · 52

호두에게 바치는 · 53

식구 — 함께 밥을 먹는 사람들 · 54

세신사 · 56

토룡을 아시나요 · 57

곰팡이 · 58

뒤로 나는 새는 없다 · 59

방짜를 닦으며 · 60

게를 위한 헌사 · 61

장독대 · 62

잡상(雜像) · 63

덕장에서 · 64

미나리로부터 · 65

4부 | 을(乙)의 기록

을의 기록 · 69

저 나무가 우는 법 · 70

선고 · 72

곡(哭) · 73

크레이터 —달을 위로함 · 74

숨 —1호선을 오르며 · 75

동백 · 76

거울 앞에서 · 78

다른 이름으로 저장 · 79

진주, 그 오랜 병상 · 80

원의 작도 · 81

사랑은 귀찮고 사랑 시나 쓴다 · 82

북 · 84

집밥 · 85

5부 | 새가 새를 잡아먹은 이야기

클리셰 · 1 — 새가 새를 잡아먹은 이야기 · 89

메트로 프리즘 · 90

수묵 · 91

달항아리 — 김환기에 부쳐 · 92

여름 · 1 — 지리산 · 93

여름 · 2 — 소화 · 94

풍경 · 96

쇠소깍 연가 · 97

여름 · 3 — 장마, 그 후 · 98

악몽 · 99

여름 · 4 — 매미를 위한 변명 · 100

과민성대장증후군 · 101

탄산수 · 102

클리셰 · 2 — 새가 새를 잡아먹었다는 이야기 · 103

산문 | 이현정

'人' · 105

1부

뜨겁게, 남김없이 뜨겁게

뜨겁게 · 1
—좌우명

고요히
하지만 누구보다 느껍게
순하게
그러나 여지없이 단단하게
겸허히
그럴지라도 죽도록 간절하게
깊게
그리고 더없이 담박하게
짙게
그렇지만 하염없이 순수하게

뜨겁게
그럼에도 불구하고
남김없이 뜨겁게

뽈, 뽈, 뽈

고요했던 순물질
비등점에
닿는 순간

최선의 방어이자
최후의 공격으로

뽈, 뽈, 뽈
들끓어 오르지
맹렬해진
심장의 서슬

차오르던 역한 기운
포화점을
넘는 찰나

한 모금 혼돈주로도
솟구치는 혀의 돌기

이맛전

짓이겨져도

치받아버리지

뿔

뿔

뿔

뜨겁게 · 2
− 모서리와 모서리가

1

남아 있는 날 선 것은 치아밖에 없는 여인,
집게 다리 하나 잘린 꽃게를 먹고 있다
모서리, 모서리끼리 입속에서 부딪혔다

2

모서리가 있는 것은 여직 복에 겨운 거지,
진탕을 헤집으며 살아온 여인의 시간
호강은 모서리마다 다 닳아 없어졌다

3

오늘도 목숨 걸고 밤바다에 나온 게는,
먹이를 찾다가 발 헛디딘 그 꽃게는
모서리, 그만 그물에 걸려 생을 멎고 말았다

4

모서리와 모서리가 입속에서 부딪쳤다

이기고 지는 건 아무 의미 없었다
억척이 또 다른 억척을 **뜨겁게** 삼킬 뿐이었다

새벽에 잡은 소

새벽에 잡은 소라는
어느 정육점 타이틀
선 붉은 사체 실은 냉동차 지나가면
본성도 한 번 못 가진 불친소*가 걸렸지

갓 태어난 죽음이라야
싱싱함이 되는 곳
이두근에 범을 새긴 주인장의 칼 솜씨
결 따라 호를 그리면 살점에도 꽃이 핀다

황소로 태어나 죽은 것은 황소의 업
매일을 칼 부리며 사는 것은 주인의 업
두 업이 부딪는 새벽
들뜬 혈기 태동한다

---

*   고기를 얻기 위해 거세한 소.

베텔게우스에게

오리온 별자리 왼편 어깻죽지에는
검붉게 부풀며 요동치는 별이 있지
날마다 몸을 사르며 울부짖는 별이 있지

왼쪽 가슴이 죽어가던 엄마도
부푼 림프선으로 사투를 벌였지
모질고 뜨거운 멍울 날마다 짓눌렀지

별은 죽을 때면 산산이 빛나는데
그날의 엄마도 반짝하고 빛이 났지
왼편 몸 가득히 흩어진
별 조각들
사무쳤지

오답의 매력도

틀린 줄 알면서도
잘못된 줄 알면서도
강력하게 끌리는
어느 답안처럼
시간이 끝날 때까지
택할 수 없는
번호처럼

아닌 걸 알지만
도통 가시질 않아

눈앞을 서성이는
강렬한 잔상처럼

짙은 날
온밤을 뒤척인
무더운 망설임처럼

뜨겁게 · 3
- 가오나시[*]를 만나다

얼굴도 말도 없이 옆에 선 어느 청년
그는 몹시 서툴렀고 두서없이 좋다 했다
무엇을 좋아하는지 본인도 모르는 채

황금이 좋은가요 황금을 줄 수 있어요
침묵이 좋은가요 침묵을 줄 수 있어요
아니요, 나는 그냥이,
그냥이 좋아요

그 후로 그는 항상 그냥 옆에 있기만 했다
무심한 눈발 몰아쳐도 **뜨겁게** 있기만 했다
좋다던 사람이 떠나도
그냥저냥 있기만 했다

---

* 애니메이션의 거장 미야자키 하야오 감독의 영화 〈센과 치히로의 행방불명〉에 나오는 캐릭터. 얼굴 없이 가면을 쓰고 있고 말할 수 없어 대화가 불가능함. 몸에서 금을 마음대로 만들어 낼 수 있으며 호의를 보여 준 주인공을 좋아해 환심을 사려고 노력함.

자상(刺傷)

모르는 척했을 뿐
몰랐다면 거짓말.

깊이 오래 찔려 있어
아프지도 않아요

근데요 당신을 빼면
이제 난 죽을 것 같아요

나만 이리 죽기 싫어
기어코 말하자면요

내 속의 당신은
오늘도
작열합니다

그러니

당신이 당신을
거두어 가 주세요

토르소 혹은 절규
―어느 얼굴 없는 조각상에 관한 소문

1
삶인지, 죽음인지
저 새하얀 피사체

사라진 모가지에
표정조차
알 길 없어

오로지
뒤틀린 몸짓
무성한 얘기들만

2
오장이 끓어올라
넘치듯 꿈틀대며

기어코 꺼낸 진심
외치고

건네 보아도

아무도
보지 못하고
누구도 들으려 않는

뜨겁게 · 4
—슬쩍

오랜만에
그리던
그 얼굴 보았지
벌어진 창문 사이
손살 틈에 쏟아진

안 본 척
못 본 척

슬쩍

햇살만 **뜨겁게** 깨물었지

수문을 열다

문을 열지 않고서는 버티지 못할 거야
결국엔 넘쳐흘러 사방이 위태할 테니
수위는 단숨에 올라 휘청휘청할 테지

알고도 막으려 말아 그러면 더 급박해져
하나씩 열어만 주면 터지듯 흘러갈 테니
참으려 애쓰지 말아 끓어넘칠 그 흙탕물

열대야

가슴을 치다 말다
헐떡이며 달렸지

숨이 턱 막혀서
숨이 안 쉬어져서

도무지
사그라들지 않는
또렷한 기억으로

밤낮이 찌는 듯
한잠도 잘 수 없고

먼 산의 속울음조차
내 것인 양 메아리치던

그렇게

호흡도 타버릴
더운 밤이 다 있었다

적란운

금세라도 오열할 듯 어깨가 들썩이고

온 얼굴 한껏 찌푸려 소용돌이치는 마음

우악한 비구름을 타고

저 하늘로 솟구친다

뜨겁게 · 5
―냄비 받침의 시

어쩌면 냄비 받침이 될
시를 쓰고 모은다
누군가의 라면 냄비를 받치고 있다가
불현듯
또 누군가에게
뜨겁게 읽힐 수 있다면

2부

우주가 되는 공식

우주가 되는 공식

1
아무도 몰랐을 때 허수였던 미지수
누군가 보았을 때 또렷한 실수가 되고
서로를 바라보면서
비로소 상수가 된다

2
별에서 온 원소로 된 당신과 나 사이
뜨겁고 밀도 높은 한 점을 시작으로
끝없는 공간을 흘러
하나가 되는 공식

3
소녀가 소년에게 조약돌을 던졌다
날아간 조약돌이 일으킨 물보라
돌아본 소년의 눈빛에
긴 시간이 깨어났다

공전·1
—조각달에게

이 밤은 하필이면 졸음도 갸울대요
거시시 눈 비비며 부여잡은 소매 끝에
아직 다 보여주지 않은 당신의 온 얼굴
낮이 되면 왜 그리 꿈처럼 희미할까요
암탉은 알 품을 때 몸집을 부풀린대요
당신은 무얼 품느라 아스라이 부풀리나요

날빛이 들려면 아직은 멀었대요
나에게 조금만 더 보여주지 않고서요
아무도 눈치 못 채게 한 자락만 내어주세요

공전·2
―망(望), 망(堲)

창가에 앉아 계세요
제가 찾아서 갈게요

연락책 하나 없어도
시간만 가득 여물면

그대로 앉아 계세요
제가 찾아서 갈게요

화조도

당신을 그리려다 꽃을 하냥 그리고
당신을 그리려다 새를 하냥 그리네
점점이 흐무러져 붉은
홍매화 가지가지

너무 애써 그리려면 오히려 아득한
당신이 없어도 당신을 그린 그림
바람에 여름깃*을 맡긴
한 마리 새가 우네

---

*   조류의 번식 깃으로 봄 번식 전에 바뀌는 빛깔이 풍부한 깃털.

관심

어제 그 프로그램, 봤어요?
재미있더라

그 옷은 어디서 샀어요?
정말 잘 어울리네

길가에 새로 생긴 집, 가봤어요?
맛있다던데

일은 다 끝났어요?
어서 가서 푹 쉬어요

주말에는 뭐 했어요?
나는 그냥 있었어요

날씨가 많이 풀렸죠?
따뜻해요
당신처럼요

지구를 돌리며 왔다·1

대체 어떤 질량으로
묶어두고 있길래

나는 그저 두 발이
가없이 닳도록

지구를 돌리며 왔다
네가 환한 곳으로

흔한 이름

근황이 궁금해
검색 창에 치려 하니
보는 이도 없는데
주변을 살폈지 뭐예요
엔터를 누르기까지
수십 번은 생각했어요

너무 흔한 이름이라
동명이인 많다지만
단박에 표식도 없이
찾아낸 한 사람
흔해도
흔하지 않은,
흔해지지 않는
딱
한 이름

공전 · 3
―상현의 낯

사람은 왼 얼굴에
감정이 잘
드러난다는데
당신의 왼 얼굴은
당최 보이질 않습니다

말없이
내내 환한 낮,
그 마음 감춘 이여

호젓이 원을 깎는
저 어둠을 물리려
당신이 그린 궤적
한 발 두 발 뒤따르면

어느새
자욱한 심야에
가닿곤 했습니다

공전 · 4
-그믐을 바라

한숨이 보인다면 저렇게 하얄 것이다
미련을 버린다면 저렇게 날 설 것이다

간절함 그예 비추면
저리 무진장 서러울 것이다

야상곡

비가 와,
꽃이 질까 봐
연락은
그 때문이야

혹여나
못 봤을까 봐
흐드러진
이 봄밤을

혹여나
돌아볼까 봐
떨어지는
꽃에 기대면

종이를 찢다가

글자와 글자 사이 날랜 금이 지나갔다
태곳적 모습이 된 닿소리와 홀소리 틈
목이 긴 낯익은 얼굴 희미하게 비쳤다가

큼직한 눈동자 점점이 흩날리다가
업고서 걸었던 오솔길이 깔리다가
밤하늘 맞잡고 우러른 미리내로 흐르다가

별안간 의미를 소멸한 기호가
제각기 흩어져 뭇별이 된 낱말이
서늘한 손바닥 위로
우르르 쏟아져 내렸다

묵음(默音)

있어도
말할 수 없고
말해도
들을 수 없고

들어도
답할 수 없고
답해도
닿을 수 없고

닿아도
잡을 수 없고
잡아도
남지 못할 이여

지구를 돌리며 왔다 · 2

덤덤히 그 이름 말하게 되기까지

붙들린 중력을 주저 없이 넘기까지

지구를 돌리며 왔다

혹독한 어둠 끝에서

유성우

저 수많은 별은 곧
하나의 사람이라서

빈 땅으로 돌아올 때
보는 이마다 손 모은다

소원을 들어주는 건
여태
사랑하기 때문

3부

그 갸륵함에 대하여

미역, 그 갸륵함에 대하여

딸 부잣집 넷째 딸은 날 때부터 덤이었다
해산 후 미역국도 못 받은 산모처럼
한평생 생일상 한 번 맘 편히 받지 못했다

제 밥그릇 타고나니 내버려둬도 살겠지,
파도가 우는 대로 파랑이 밀치는 대로
그 누가 돌보지 않아도 발아하던 생의 포자

먹이 사슬 맨 아래, 빛만 먹고살면서도
제 몸의 몇 배 되는 포식자를 이고 지고
바위틈 아무 데에나 무덕무덕 피어나던

해풍에 머리색도 다 빠진 흰 노파는,
땅 위의 숨탄것들 젖어미 되어 주는
바닷속 돌미역같이 살았노라, 말했다

거꾸로 강을 거슬러 오르는 저 힘찬 피라미처럼*

민물을 떠나서 알 낳을 때만 돌아와도
고향을 찾아왔다며 홀연히 주목받는
연어만 강물을 거슬러 오르는 게 아니라오

사랑을 시작할 때 연어만큼 붉어지고
험한 바위 잠자리에 내성도 꽤 강해서
하찮단 대명사처럼 매가리 없지 않다오

큰물이 지고 나면 거슬러 오르려고
이 작은 지느러미로 감춰 올린 거친 물살
푸르른 활맥이 되어
나도 여기 뛰고 있다오

---

* 가수 강산에의 노래 제목 〈거꾸로 강을 거슬러 오르는 저 힘찬 연어들처럼〉에서 따옴.

호두에게 바치는

와그작,
너의 세계 맛있게도 깨 먹었다

이토록 완전하고 굳건한 실체에게

이렇게
모질고 무성의한 고해를 보았나

식구
—함께 밥을 먹는 사람들

편의점 창가 자리
오천 원 도시락 앞

하나둘 모여 앉은
낯익은 얼굴들

늦저녁 각자 찬으로
허기짐 덜어내며

오늘 하루 어땠는지
무슨 일이 있었는지

한 마디 말 없어도
곁을 내준
그것만으로도

저무는 위로가 되어

저마다의

식구가 되어

세신사

조각가가 꿈이었던 팔목 굵은 사내는
대리석 목욕대 위 모델을 흘깃 보고
한 됫박 첫물 뿌리며 데생을 시작한다

한때는 눈부셨던 세차장 사장도
지금도 눈부신 성형외과 의사도
실상은 꼼짝 못 하고 몸을 맡긴 피사체

깔깔한 때수건 조각도처럼 밀착시켜
핏줄까지 힘주어 묵은 외피 벗겨내면
곧이어 환해진 토르소, 두 어깨 그득하다

수증기 송송 맺힌 목욕탕 한편에서
날마다 극사실주의 석고 깎는 조각가
두 손은 북두갈고리 거친 숨을 뱉는다

토룡*을 아시나요

빈모에 눈도 멀어 땅속 깊이 숨어버렸지
비 갠 날 잠시나마 맞아보는 산들바람
단조한 심장이라고 설렘조차 없을까

흔하고 역겹다고 속까지 다 무딜까
전신의 마디마디 움직여야 살 수 있는
무진한 이 생활고를 욕하는 너는 알까

어떤 이는 나를 꿰어 대물 낚는 꿈을 꾸고
내 사는 곳 비옥토라 일부러 찾는다는데
일없는 아무개라고 손가락질하지 말 것

* 지렁이.

곰팡이

창이 작은 방이라고 오만 원 싼 208호
그늘을 양분으로 먹고사는 생명체는
식빵의 가장자리에서 푸르게 피어난다

상경하던 그때에도 푸르른 꿈이 피었지
시나브로 닳아버린 허리춤에 손을 얹고
생계를 잇대어가며 슬어버린 날을 센다

저 푸른 미물도 생명을 살린다는데
펼칠 일 손꼽으며 가녀리게 숨을 쉬는,
내 속에 고이 삭혀둔
이 푸른
꿈 한 줄

뒤로 나는 새는 없다

중력도 거슬러 박차고 올랐다
한 치를 가더라도 걸음 삼지 않았다
뒤로도
가지 않았다
돌아보지 못하기에

물빛 하늘 가르며 비수처럼 날아들어도
할퀸 자국 매듭지을 마음자리 하나 없이
앞으로
오직 앞으로
뒤처지지 않기 위해

풀칠하는 입술에 집 지을 진흙 물고도
내 새끼 먹이 찾느라 눈 한 번 감지 못하는
허기진
가장의 날갯짓
높새바람 가른다

방짜를 닦으며

채웠다 비웠다가 차가움도 품었다가

펄펄 끓는 육수를 온몸으로 느꼈다가

맹렬한 담금질 끝에 소스라쳐 떠올랐다

쉼 없이 닦일 적엔 무장 생채기 났다가

이렇게 닳는 일 신명처럼 여기다가

안으로 고이는 숨결 마침내 다 보듬었다

게를 위한 헌사

바다의 것도 아닌
짠 무언가 맨살에 닿는다
익숙한 냄새에 몸을 디밀었다가
신경이 살아 있기에 깨닫는 생생한 통각

누구는 잠든다 하고
누구는 스민다 하나
아니다, 이것은 애간장을 저미는 일
눈 뜬 채 허망하게도 죽음에 물드는 일

여우가 제 마지막 때
머리를 돌리듯이
파도에 첫발 내딛던 그날을 떠올리며
두고 온 고향 바다로 몸 뒤집어 누울 뿐

장독대

저기 저 누대를 거친 앉은뱅이 앉은뱅이들
밤낮없이 손 모으는 어머니의 긴 몸살을
혼자만 목도하고선 어디에도 내뱉지 않은

굼뜬 메주 제 몫 하게 소슬바람 들여 주고
한겨울 김치 삭히는 무서리도 맞고 볼 일
술독에 밑술 빚을 때면 오래 취하기도 했던

담장 위 능소화 허리 감고 눈짓해도
모여 앉은 기다림 살뜰히 떠받치고
감나무 그늘 지키는 낮고 깊은 숨소리

잡상(雜像)

서울시 창덕궁 추녀마루 세입자
삼장법사 손오공 저팔계 사화상
오늘도 관찰자 시점 세상 구경 여념 없다

지옥인 줄 모르고 지옥을 사는 중생아
누구더러 잡상이라 천한 이름 붙여놓고
불경도 구하러 못 가게 붙박이를 만들었나

일세의 주인공은 흙으로 다 돌아가도
흙으로 빚어낸 일세의 주인공은
천년을 눙치고 앉아 애먼 액살 먹고산다

덕장*에서

실망과 희망 사이
소망과 절망 사이

구김을 지우려고 가슴을 부풀렸다

낯익은 몸부림처럼 그리 얼고 녹는 사이

한 계절 여닫다가 진기만 그예 남아

굳은살이 박였다 안간힘 솟았다

다시금 찾아든 온기
새 빛을 머금었다

---

* 물고기를 말리려고 덕을 매어 놓은 곳.

미나리로부터

화악산 날머리 미나리 솎는 어매
조막손 끝자락 지문은 다 닳았어도
대차게 또 야무지게 휘둘러 감는 줄기

칼바람 몰아치는 미나리 밭 어디 즈음
한 단에 몇천 원씩 돋아나는 어매의 낙
살겠다, 살아보겠다 언 땅을 뚫어내고

밑동부터 붉어 올라 낭창한 허리 너머
알싸하고 향긋한 기운 사방 천지 무성히
봄날이 미나리로부터 우렁우렁 일어선다

4부

을(乙)의 기록

을의 기록

1
염기서열이 다 밝혀진 생명체 초파리는
온갖 광선에 쏘여 유전자가 조작됩니다
본능도 통제됩니다 의지도 사라집니다

2
몸통이 짓이겨지고 마음이 잘려 나가도
어떻든 오늘 일은 반드시 해야 한답니다
그것이 계약이니까요 나는 매양 무력합니다

3
존엄하게 살 권리도 죽을 수 있는 권리도
없는 자의 눈시울은 꼭 같이 붉습니다
빼곡히 하루 다 바쳐 을의 기록 새길 뿐

저 나무가 우는 법

뿌리가 있는 것도 서러운 줄 몰랐지
꼿꼿이 견디는 것도 아픈 줄은 내 몰랐지
묵묵한 새벽을 붙잡고
흐느끼는 저 나무

나이테 둘렀다고 북받칠 일 없을까
옹이가 박였다고 고되지 않을까
꾹 눌러 삼켰던 울분
물관을 타고 올라

꺽, 꺽, 꺽
소리 내며
나무가 슬피 운다

폐업의 간판이 그믐에 걸리던 날

밤새워

길어 올린 울음
하릴없이 토해 낸다

선고

끊어진 철길 위에 홀로 앉아 있었을
시멘트 맨바닥에 머리부터 부딪쳤을
온몸이 하수구 틈새로 가차 없이 흘렀을

칼끝이 동공 앞을 겨누며 달려왔을
뿌리째 뽑힌 나무 한순간 내리눌렀을
자비도 채비도 없이 곤두박여 버렸을

곡(哭)

세상의 온 색이 저 바다에 풀렸다

푸르게 붉게
차갑고도 격렬하게

누군가 엎지른 마음
누군가 출렁인 마음

하루 종일 바다는 마음을 받아주다

종내엔 본래의 색도
다 섞여 버린 채

일몰의 순간이 오면
무너져 같이 울었다

크레이터
―달을 위로함

꽤나 아팠을 거야
어쩌면 혼절했을지도

광막한 우주가
신경 쓰지 못한 사이

무정히 날아들어 온
감정의 파편들

그대로 꽂혀버렸지
대기가 없는 너는

어마한 무게를
온몸으로 받았으니

어쩌면 서러웠을 거야
꽤나 오래
울었을 거야

숨
—1호선을 오르며

한 줄기 날숨이 지상으로 올라온다

분주한 혈맥이 펄떡이며 당도하면

이윽고 도심 속으로 또 한 번의 펌프질

쉴 새 없는 판막처럼 개찰구를 날고 드는

살기 위한, 살기 위한 이 검질긴 발버둥

가끔은 저릿하도록 아가미가 그리웠다

동백

해마다 홍역을
앓아본 적 있나요

이른 봄 미풍에도
신열로 애태우던 일

전이가
어찌 빠른지
손쓸 틈도 없다, 지요

온몸이 달아올라
열꽃으로 벙글대다

선홍빛 생채기
망울망울 터트리며

해마다

처음같이 아프게
피워본 적 있나요

거울 앞에서

내게 자꾸 밖으로 나오라고 말하면
준비되지 않은 자의 고단함이 밀려와
이따금 나는 덧없이 외로움에 잠깁니다

내 속에 있는 것도 헤아릴 수 없어서
재촉하는 눈길에 답을 줄 수 없어요
애타는 두 손 내어도 잡을 수가 없어요

어찌할 바를 몰라 안간힘도 풀고서
주인공이 흐릿해진 배경만 맴돌며
그 속에 갇혀버린 나를
우두커니 쳐다봅니다

다른 이름으로 저장

흔글*을 만든 이는 일찍이 알았을까
덧입히고 싶지 않은 기억이 있다는 걸
혹시나 영영 못 볼까 못 보면 곧 잊을까

새로운 이름으로 거듭 태어날지언정
지우지 못하는 원본이 있다는 걸
절대로 놓지 못하는 파일명이 있다는 걸

---

* 문서 작업을 할 때 주로 사용하는 '한글과 컴퓨터' 프로그램. '다른 이름으로 저장하기' 기능을 갖고 있음.

진주, 그 오랜 병상

조가비 다문 입이 희미하게 들렸다
음울이 녹진녹진한 생사의 가장자리
고통은 습관이지만 매일같이 또렷했다

내게도 뚝딱 뱉을 재주가 있었다면.
속 깊이 들어와 살점 아래 자리 잡은
끝끝내 거르지 못한 마지막 모래 한 알

흰 살로 덮고 묻어 바래지는 이 불순물
금석보다 단단한 그 무엇이 되려는지
치열한 자가면역에도 임계점이 다가오고

죽지 못해 참아온 몽니를 도려낸 날
다시 입을 닫으려다 스며 나온 단말마,
이제는 그만 아프고 싶어
한 점의 티끌도 없이

원의 작도

찰나의 눈빛이 한가운데 점을 찍자

일순간 동일 주파수로 진동하는 공명

팽팽한 구심과 원심 좋이 붙잡힌 균형

지금은 비록 굽이굽이 돌아갈지라도

오래도록 깊숙이 중심 잃지 않는다면

둥글게 그리던 걸음 같은 곳에 닿으리

사랑은 귀찮고 사랑 시나 쓴다

술이 단 밤
술이 쓴 밤
술이 고픈 밤
술이 취한 밤
모르는 골목에 아무렇게나 걸터앉아
사랑은 내내 귀찮고
사랑 시나 쓴다

그리운 누군가 보고픈 무언가
놓지 못한 어떤 이가 있느냐는 물음에
아무도 떠오르지 않는다
어떤 말도 할 수 없다

냉정과 열정의
어디 즈음 좌표를 찍고
손뜨거워 못 건넨 편지
안주 삼아 떠올리며

사랑은 줄곧 겁이 나
사랑 시나 써 본다

북

장단이
장단을 불러
이것은 소리가 된다

소리가
소리를 불러
이것은 울림이 된다

울림이
울림을 불러
이것은 물결이 된다

집밥

한 집 건너 한 집이 식당인 세상인데도
때로는 각 맞춘 현란한 음식보다
군내가 모락거리는
집밥이 보고 싶다

그을은 돌김에 곰삭은 물김치
질벅한 고추 물금 멋대로 자란 상추
두 번은 똑같은 맛을
낼 수도 없는 그 밥상

무뎌진 미뢰로 간 보느라 모인 주름
설익은 지짐이 뒤집던 두터운 손바닥
해거름 유달리 긴긴날은
그 맛 지극히
보고 싶다

5부

새가 새를 잡아먹은 이야기

클리셰·1
-새가 새를 잡아먹은 이야기

까마귀가 비둘기를 거침없이 쪼고 있다
아스팔트 한가운데 모두가 보았지만
누구도 살려주지 않는다
비둘기는 죽을 것이다

번식기 까마귀는 같은 새도 잡아먹는다지,
어쩔 수 없는 거야 자연의 섭리인 걸
생명이 곧 끊어지는
불편한 장면 끝에

부리에 피를 묻힌 까마귀는 떠났다
번식기가 지나면 눈빛은 바뀔 것이다
모두가 다 보았지만
아무 일 없었던 것이다

메트로 프리즘

메트로 한복판 창이 가장 큰 카페
방금 전 이별을 통보받은 여자는
쓰디쓴 에스프레소를 한 번에 들이켰다

"일거리 찾습니다 밤낮 가리지 않아요"
보이는 게시판마다 구직 글을 올리던
남자는 테이블 아래 꼰 다리를 떨고 있다

쪽잠을 자다 깬 노숙인의 시야에
창 안쪽 세상은 무지갯빛 결계 친 곳
통유리 사이에 두고 굴절된 각자의 생

어디에도 둘 곳 없어 적막만 가득한
서로는 보지 못할 똑 닮은 표정으로
도시는 광각의 무채색
가시광을
분사 중

수묵

먼 산이
흰 선지에
슬몃 내려앉았다

안개는
긴 호흡 한 번
호젓이
뱉을 뿐이다

구름은
무심 한 조각
넌지시
얹을 뿐이다

달항아리
―김환기에 부쳐

숨 한 줄기 온기 한 사발
땀 한 움큼 운김 한 자락

둥글고 멀게 돌아앉아
온전히 그윽하니

비로소
영영 푸르게
밤볼진 달이 떴다

여름 · 1
−지리산

날것의 여름을
집어삼킨 산이 있다

머리부터 꼬리까지 아낌없이 겁도 없이

뭉툭한 산의 어금니 한가운데로 집어넣고

한여름 금실금실 씹고 있는 저 산속

씹을수록 자디잘게 갈매로 울창해져

오히려 팔팔한 열기
온 산에 번지고 있다

여름·2
−소화*

1
희롱하다 눈 비비면 두 눈이 먼다 하지

하늘마저 홀리려
빤히도 쳐다보는

담벼락
가득 새겨진
어느 여인의 주홍글씨

2
초여름 한나절 찾아 헤맨 길모퉁이

그렇게 접질려
닿은 곳에 쏟아지던,

아마도

너를 만나려
발을 그리 들였나 보다

* 능소화. 꽃술에 독성이 있어 만지고 눈을 비비면 실명한다는 속설이 있었음.

풍경

수수한 배경 속에 당신이 있습니다
저 멀던 구름도 무시로 지나가고
푸드덕 날갯짓 소리
동박새 날아올랐습니다

묻지 못한 말들이
꽃으로 핀 뒤란에서

마주친 눈가로
노을 문득 번졌습니다

세상이
멈춘 것 같이
이렇게나 흘렀습니다

쇠소깍* 연가

모든 만남, 반가움에 요란하진 않겠지
돌개바람 홰를 치며 질투심에 수선해도
유정한 물길과 물길
깊이 해후하는 곳

모든 연심, 설렘으로 들썩이진 않겠지
지상의 연정이 밤낮으로 붉을 때에도
잠 못 든 새벽이 고여
비색으로 짙어진 곳

모든 이별, 슬픔으로 흩어지진 않겠지
애달픈 맘 자분자분 쌓아 올린 벽이 되어
파도도 부스러지며
눈물 부리다 가는 곳

* 제주도 서귀포시에 있는 하천과 바다가 만나는 지점에 형성된 자연하천.

여름 · 3
−장마, 그 후

이제 그만 놓아주자,
다 씻겨 내려갔으니

붉덩물도 불 내리고
물비린내 가득한 밤

여름이 멱을 감고서
말을 걸어 담담하게

악몽

있지, 나 되게
나쁜 꿈을 꾸었어

죽는 것 그보다도
아픈 것 그보다도

까맣게 잊고 잊힌 것,
그게 가장 나쁜 꿈이었어

여름·4
―매미를 위한 변명

운다고 하지 말라
울음은 차라리 가볍다
칠 년 만에 빛을 보는
삶의 이유를 위하여
나무 위 목숨 걸고 올라
생존한 자의 부르짖음

한 보름 시한부
시위가 당겨지면
장마철 습한 대기
겹겹이 뚫어내고
열탕의 한가운데를
절박하게 명중해야 한다

과민성대장증후군

내면의 목소리 그대로 드러나는
꼬장꼬장 솔직한 장기가 하나 있지
심기가 불편해지면
거침없이
꾸르-륵

꼽실대는 각다귀
쑤석거림 분탕질에
미주알 힘주어도 속의 것 죄어치면
떨치고 일어날밖에
분출할 대숲 찾아

탄산수

너 따위가 쏘아봐야,
비웃음의 한 모금

산성의 옅은 살기
콧등을 치고 간다

무명씨
무색무취라
속도 없는 줄 알았더니

클리셰·2
—새가 새를 잡아먹었다는 이야기

사실은 그게 아니래요
그런 일은 없었답니다

누군가는 봤다는데
진짜로 본 사람, 있어요?

누구도 안 나서잖아요
그럼 피해자가 나서봐요

| 산문 |

'ㅅ'

이현정

ㅅ상상이 **ㅅ**세상으로 _ #세신사

몽상가

자신이 어떤 사람인지 한마디로 정의해 보라는 질문을 받았습니다. 누군가는 '엄마'로, 누군가는 직업으로, 누군가는 골몰하고 있는 취미로, 누군가는 성격으로, 누군가는 좋아하는 연예인의 팬덤 이름으로 자신을 표현했습니다. 내가 어떤 사람인지 딱히 생각해 본 적은 없었습니다만, 한마디로 표현하라는 말이 떨어지자마자 '몽상가(Dreamer)'가 떠올랐습니다.

COVID-19로 세상이 뒤집혔던 2020년, 답답함과 막연

함 속에 주야장천 했던 것은 '상상', '공상'이었습니다. 당시 '박쥐'가 바이러스의 숙주이자 원흉으로 대두되던 시기였습니다. 박쥐를 멸종시켜야 한다는 칼럼을 읽으며 내가 박쥐라면 좀 억울할 수도 있겠다 싶었습니다. 나는 나대로 잘 살고 있는데 갑자기 멸종이라니요. 그러다 문득 인간이 멸종시킬 동물을 정할 것이 아니라 여러 종의 동물 대표들이 모여 '지구상에서 사라져야 할 동물 회의'를 열고 직접 멸종할 동물을 정하는 콘셉트로 동화를 만들면 재미있겠다는 생각이 들었습니다. 회의 결과, 멸종되어야 할 동물은 결국 인간으로 정해지고, 인간이 수를 쓰는 사이에 식욕을 참지 못한 육식 동물의 공격으로 회의장은 아수라장이 되어 종내에는 식물만 남는다는, 대강 그런 줄거리의 동화였습니다. 애석하게도, 아무도 마감 기한을 주지 않은 이 동화는 여전히 미완이고 어쩌면 영영 미완일지도 모르겠습니다.

사회적 거리 두기가 완화되면서 친구와 가벼운 여행을 떠났던 언젠가, 운전하고 있는 친구에게 이 동화의 스토리를 신나게 읊었습니다. 개구리가 파리를 먹으면 사람이 치킨을 먹는 것처럼 맛있을까 어떨까를 떠들고 있는데 친구가 의아해하며 물었습니다.

"너는 왜 그런 상상을 해?"
"아니, 뭐 꼭 이런 유가 아니라도, 로또에 당첨된다든지,

TV에 내가 나온다든지, 그런 상상쯤은 혼자 있을 때 하지 않아?"

"난 해 본 적 없어. 일어나지도 않는 일을."

  머리를 맞아본 적은 없지만, 맞는다면 아마 그런 느낌일 것입니다. '쓸데없는' 상상을 하지 않는 사람도 있구나. 아침부터 잠들기 전까지 시간 날 때마다 온갖 디테일한 상황과 캐릭터를 설정하고 집요하게 상상하는 사람으로서 '상상도 못한' 일이었습니다. 요즘의 유행으로 굳이 까닭을 찾아보자면, MBTI 성격유형검사 결과, 우리는 S형(현실-감각형)과 N형(추상-직관형)의 양 극단에 있는 사람들이기에 그럴 수 있습니다. 다행히 상상을 하든 하지 않든, 서로의 다름을 존중하고 아끼기에 우리는 계속 좋은 친구입니다.

  나의 평소 생활과 인간관계는 매우 단출하고 평범합니다. 고락의 경험이 많지도, 감정의 높낮이가 크지도 않습니다. 그렇다 보니 대체로 시상은 우연히 본 문장, 울림을 주는 낱말, 사람들의 소소한 일상 이야기 속에서 시작합니다. 이런 오브제들이 기억 한편에 남아 있다가 상상에 상상을 더해 글이 되는 경우가 많습니다.

  그렇기에 늘 풀지도 못할 것을 궁금해하고 닿지도 못할 것에 골몰하는 것이 다행스럽습니다. 쓸데없는 상상을 하고 이룰 수 없는 꿈을 꿀 수 있어서, 정말로 다행입니다.

상상하기 좋은 곳

 세상과의 단절이 웬만해서는 불가능한 시대, 세상과 잠시나마 멀어진 사람들이 가장 원초적인 모습으로 함께하는 곳. 목욕탕에서는 온전히, 그리고 깊숙이 상상할 여유가 주어집니다. 태초의 모습으로 돌아가 안온한 물속에서는 현실을 떠난 생각이 마음껏 유영합니다.

 2018년에는 유달리 목욕탕에 자주 갔었습니다. 일상의 괴롭힘에서 벗어나 턱 밑까지 물에 잠겨 있으면 번잡한 현실은 달아나고 상상이 슬슬 물매질을 하였습니다. 그 즈음, 세신사의 리드미컬한 손놀림이 눈에 들어왔습니다. 어쩌면 진즉에 그 손놀림에 매혹당하고 있었는지 모릅니다. 축 늘어져 엎드린 이는 방금 명품 로고가 가득한 옷을 등에 업고 있던 사람입니다. 맨살의 등을 보이고 있다는 것은, 동물의 세계에서는 목숨을 내놓는 것이나 마찬가지입니다. 세신사 앞에서는 지위 고하를 막론하고 저렇게 헐벗은 등을 드러내고 목숨을 내놓은 마냥 고분고분해집니다.
 등에 닿은 세신사의 손이 스륵 움직였습니다. 대패질하는 목수가 겹쳐 보였습니다. 이윽고 세신사의 꿈이 조각가였다면, 세파에 거칠 대로 거친 북두갈고리 손의 남성이라면. 상상이 상상을 불러 머릿속에 그려진 장면은 글자를 타고 세상으로 나왔습니다.

여전히 풀리지 않는 생각이, 마음대로 되지 않는 현실이 괴롭힐 때면 목욕탕을 찾습니다. 어쩌면 그곳은 어머니의 따뜻한 양수 속에 있던 가장 처음의 내가―무의식의 내가 깨어나는 곳이 아닐까 짐작해 봅니다.

    조각가가 꿈이었던 팔목 굵은 사내는
    대리석 목욕대 위 모델을 흘깃 보고
    한 됫박 첫물 뿌리며 데생을 시작한다

    한때는 눈부셨던 세차장 사장도
    지금도 눈부신 성형외과 의사도
    실상은 꼼짝 못 하고 몸을 맡긴 피사체

    깔깔한 때수건 조각도처럼 밀착시켜
    핏줄까지 힘주어 묵은 외피 벗겨내면
    곧이어 환해진 토르소, 두 어깨 그득하다

    수증기 송송 맺힌 목욕탕 한편에서
    날마다 극사실주의 석고 깎는 조각가
    두 손은 북두갈고리 거친 숨을 뱉는다
                            ―「세신사」 전문

시간과 소멸 _ #우주가 되는 공식 #베텔게우스에게

없지만 있는

'시간'은 인간이 만들고 약속한 개념일 뿐, 존재하지도, 흐르지도 않는다고 현대의 물리학자들은 말합니다. '시간'은 공간이나 운동의 변화, 엔트로피의 증가를 설명하기 위해 인간이 만든 가상의 개념이라는 겁니다. 우리가 인식할 수 없고 설명할 수 없지만 과거-현재-미래는 '이미 존재하는 것'이라고도 하고, 미래는 여러 갈래로 존재하며 중첩되어 있다가 우리가 '관측하는 순간' 결정된다고도 합니다.

그러나 시간은 분명히 있습니다. 태어나는 순간부터 유전자, 환경까지 불공평함이 디폴트값인 인간에게 주어지는 공평한 자원이며 누구도 끝을 알 수 없지만 누구나 끝은 반드시 있는 유일한 자원입니다. 영원을 얻고자 불로장생을 꿈꾼 천하의 권력자도, 일세의 부자도 결국 시간 앞에, 자신이 가진 시간의 '소멸' 앞에 모두 똑같았습니다. '시간' 없이는 생명체의 자람과 늙어감을, 희미해져 가는 기억을 인간의 뇌가 가진 한계로는 설명하기 어렵습니다. 만약 우리에게 '영원'이 주어진다면 시간이라는 개념은 필요 없을지도, 드디어 인간은 과거-현재-미래라는 모든 시간의 차원을 한 번에 볼 수 있을지도 모릅니다.

어린 시절부터 고등학교 때까지 문학이나 역사서를 많이 읽었습니다. 방에 불을 다 끈 채 스탠드 하나만 켜 놓고 책을 읽다 잠들곤 했습니다. 덕분에 돌이킬 수 없게 눈이 나빠졌지만, 그때로 돌아가더라도 또다시 불빛 하나에 의지해 책을 읽다 잠들고 눈은 이토록 나빠질 것입니다.

성인이 된 후부터 심리, 철학, 예술 분야의 책을 탐독했습니다. 그리고 몇 년 전부터는 과학과 관련된 책이나 강연을 찾아보고 있습니다. 무슨 말인지 잘 모르는 것이 더 많지만, 알아갈수록 과학자들이 발견한 개념과 원리가 세상의 진리와 맞닿아 있다는 생각이 짙어집니다. 과학을 전공한 친구에게서 수학-과학-철학-신학으로 학문이 연결되어 있다는 말을 들은 적이 있습니다. 고대의 학자들이 수학자이자 과학자이고 철학자인 까닭이, 인류의 선각자들이 말하는 삶의 진리가 과학적으로도 증명되어 가는 것이 결국 같은 맥락이 아닐까 싶습니다.

과학의 여러 영역 중에서도 물리학에서 다루는 '시간'은 특히 흥미롭습니다. '시간'은 수학이자 과학이고, 철학이며 '머글(인간)'에게는 '심리'의 영역이기도 합니다. 어떤 시간은 빨리 가기도, 어떤 시간은 느리게 가기도 하고 어떤 이에게는 찰나도 줄 수 없는 시간이 어떤 이에게는 영원을 맹

세할 만큼 있기도 합니다. '없지만 있는' – 이 광활함과 모호함이 주는 여지는 신비롭고 아름다우며 또한 잔인합니다.

유한한데 끝도 알 수 없는 시간이 주어져 있기에, 인간은 '가치'를 생각합니다. 인간은 가치 있는 것을 위해 시간을 씁니다. 그것은 돈이 될 수도, 일이 될 수도, 취미가 될 수도, 혹은 어떤 '존재'가 될 수도 있습니다. 이런 생각을 골똘히 이어가다 보면, 짧은 생에서 시간을 나눈다, 시간을 들여 무언가를 한다는 것은 참으로 고귀한 일이라는 결론에 도달하곤 합니다.

그중에서도 '누군가'와 시간을 '함께' 나누는 것은 더욱 각별합니다. 시간을 나누는 대상은 가족이 될 수도, 친구가 될 수도, 반려동물이 될 수도, 연인이 될 수도, 동료가 될 수도, 유명인이 될 수도 있습니다. 나의 아득한 유한함을 누군가와 공유하는 것. 형태는 모두 다르지만 우리는 그것을 아주 큰 의미로 '사랑'이라 부릅니다.

시간은 있을 수도 없을 수도 있습니다. 하지만 '사랑'은 있습니다. 시간은 흐를 수도 흐르지 않을 수도 있습니다. 하지만 '존재'는 있습니다. 내가 사랑하는 존재를 마주했을 때, 비로소 그동안 없었던, 내가 몰랐던 시간이 생기고 또 흘러가기 시작합니다.

1
아무도 몰랐을 때 허수였던 미지수
누군가 보았을 때 또렷한 실수가 되고
서로를 바라보면서
비로소 상수가 된다

2
별에서 온 원소로 된 당신과 나 사이
뜨겁고 밀도 높은 한 점을 시작으로
끝없는 공간을 흘러
하나가 되는 공식

3
소녀가 소년에게 조약돌을 던졌다
날아간 조약돌이 일으킨 물보라
돌아본 소년의 눈빛에
긴 시간이 깨어났다

― 「우주가 되는 공식」 전문

인간은 별과 같습니다

 인간은 어떤 원소로 구성되어 있을까 찾아본 적이 있습니다. 수소, 헬륨, 탄소, 산소, 질소……. 인간은 이런 것들로 구성되어 있답니다. 그런데 그것은 별도 마찬가지라고 합니다. 인간과 별을 구성하는 입자가 같은 셈입니다. 인간이 별에서 온다는 것은, '별에서 온 그대'는 추상적이고 문학적인 이야기가 아니라, 어쩌면 정말 과학적인 이야기인지도 모르겠습니다.

나는 가깝고 소중한 이의 죽음을 남들보다 조금 더 일찍 보았습니다. 어머니가 그랬고, 외할머니, 할아버지, 할머니, 그리고 근래에 작은어머니까지. 인간은 별에서 왔다지만 죽어서도 별로 간다고들 합니다. 새하얀 가루가 되어—별과 더 닮은 형태가 되어서 나의 소중한 사람들은 별의 상태로, 별로 되돌아갔습니다.

소멸은 또 다른 차원의 시간에 대한 이야기입니다. 종종 인간의 소멸은 존재의 형태만 달라지는 것이라는 생각이 들기도 합니다. 그러니까 소멸한 이들은 어딘가에 혹은 아주 가까이에 다른 형태로 존재하고 있는 것입니다. 그러면 주변의 죽음이 조금 덜 슬프게 느껴지기도 하고 나의 죽음 또한 그다지 두렵지 않아집니다. 그저 바라는 것은 나를 비롯한 모두가 소멸의 순간을 맞을 때 너무 아프지 않았으면 하는 것입니다. 혹여 그 순간이 외롭고 고통스러웠다면 돌아간 별에서는 부디 누구보다 행복하고, 따뜻하고, 온전하기를 진심으로 바랍니다.

인간이 죽듯 별도 죽습니다. 오리온자리의 베텔게우스는 수천 년 내에 폭발로 생을 마감할 것이라고 합니다. 그리고 그 폭발의 잔해는 또 다른 생명체를 만드는 재료가 된다고 합니다. 별의 죽음으로 또 다른 생명체가 태어난다니. 그 생명체는 어쩌면 이미 지구상에서 소멸하고 없을 내가 혹은 당신이, 혹은 돌아가신 엄마가 될 수도 있지 않을까, 상상해 봅니다.

    오리온 별자리 왼편 어깻죽지에는
    검붉게 부풀며 요동치는 별이 있지
    날마다 몸을 사르며 울부짖는 별이 있지

    왼쪽 가슴이 죽어가던 엄마도
    부푼 림프선으로 사투를 벌였지
    모질고 뜨거운 멍울 날마다 짓눌렀지

    별은 죽을 때면 산산이 빛나는데
    그날의 엄마도 반짝하고 빛이 났지
    왼편 몸 가득히 흩어진
    별 조각들
    사무쳤지

                                       -「베텔게우스에게」 전문

숨 그리고 생 _ #을의 기록 #미역, 그 갸륵함에 대하여

파리 목숨

평생 초파리 연구를 하셨다는 어느 교수님의 이야기를 들은 적이 있습니다. 아니, 왜 초파리를? 초파리는 염기서열이 다 밝혀진 생명체여서, 인간의 유전학 연구에 지대한 영향을 주기 때문에 훌륭한 연구 대상이라고 했습니다. 광선에 쏘여 유전자가 조작되고 유전자 가위로 편집되어 본능도, 본래의 모습도 잃은 실험실의 초파리는 스스로 할 수 있는 것이 아무것도 없습니다. 짧은 생을 살며 세상에 남길 것이라고는 자신의 대를 잇는 유전자밖에 없을 것인데, 그조차 녹록지 않게 되었습니다. 인간에게는 유익한 일입니다만, 초파리에게는 참담한 일입니다.

실험실 초파리에 대한 이야기를 들으며 초파리의 붉은 눈이 사람의 충혈된 눈과 묘하게 겹쳤습니다. 스스로의 의지와 상관없이 더 '힘센' 이들에 의해 생이 좌지우지되는 '파리 목숨'은 비단 실험실 초파리에게만 해당되는 것이 아닙니다. 오랜 옛날부터 지금까지, 전 세계에서 또 우리 주변에서, 나에게 또 당신에게 해당될 수 있는 말입니다.

법률 용어상 갑은 계약의 주도권을 지닌 당사자이고, 을은 상대적 약자를 뜻합니다. 세상에는 '갑'보다 '을'이 훨씬 많습니다. 하지만 '갑'의 힘이, '갑'의 기록이 항상 우위에 있고 힘이 셉니다. '을'의 기록은 주로 참다못해 터져 나온 함성과 수많은 목숨, 피의 값으로 쓰입니다. 대부분의 '을'은 그렇게 하루를 꼬박 바치고, 생을 바쳐 자신의 기록을 쓰고 있습니다. 초파리처럼 붉은 눈을 하고서.

    1
    염기서열이 다 밝혀진 생명체 초파리는
    온갖 광선에 쏘여 유전자가 조작됩니다
    본능도 통제됩니다 의지도 사라집니다

    2
    몸통이 짓이겨지고 마음이 잘려 나가도
    어떻든 오늘 일은 반드시 해야 한답니다
    그것이 계약이니까요 나는 매양 무력합니다

    3
    존엄하게 살 권리도 죽을 수 있는 권리도
    없는 자의 눈시울은 꼭 같이 붉습니다
    빼곡히 하루 다 바쳐 을의 기록 새길 뿐
                                 -「을의 기록」 전문

기특하고 갸륵한 모든 생을 위하여

 1900년대 중후반까지도 딸 부잣집이 유독 많았습니다. 남아선호사상이 강했던 시대, 아들을 보기 위해 '피치 못해' 태어난 딸의 이야기를 주변에서 흔히 찾아볼 수 있었습니다. 딸을 낳은 산모는 미역국도 못 먹었다던가, 딸은 평생 생일상도 제대로 받지 못했다는 이야기도 있었습니다.

 내게 글을 가르쳐 주신 스승님도 연이은 딸 끝에 찾아온 '귀한 아들'이셨습니다. 스승님이 바로 위 누님인 다섯째 누님을 추모하며 쓰신 글을 본 적이 있습니다. 스승님의 다섯째 누님은 제 나이에 입학하지 못하고 세 살 어린 동생과 같이 삼 년이나 늦게 초등학교에 입학하셨습니다. 교육의 권리나 의무 때문이 아니라, 남동생의 보호자로 입학이 허락되었기 때문입니다. 누님은 우등상을 받을 만큼 공부를 잘하셨지만 결국 진학을 포기하고 어린 나이부터 직장에 다니셨다고 합니다. 그런 누님께 시인으로 이름을 남기게 된 남동생은, 마치 자신이 그리된 것마냥 큰 자랑과 기쁨이셨다고 합니다.

 미역은 빛을 통해 스스로 양분을 만들고 제 몸을 바치면 포유류가 젖을 나오게 하는 데 도움을 줍니다. 그런 갸륵한 존재는 보통 먹이사슬의 아래쪽에 있거나 살아 있는 먹이가 굳이 필요치 않습니다. 사람을 살리는 푸른 곰팡이, 땅을 비옥하게 하는 지렁이, 하천을 깨끗하게 하는 피라미가 그렇습니다. _ #곰팡이 #토룡을 아시나요 #거꾸로 강을 거슬러 오르는 저 힘찬 피라미처럼

생일날 미역국 한 번 제대로 받지 못했지만, 딸 부잣집의 딸들은 기특하고 갸륵한 '미역'과 같습니다. 자신보다는 가족을 위해 살았던, 내게도 응당 주어져야 할 관심과 애정을 기꺼이 내어 준 숭고한 마음과 보탬 덕에 가계가 유지되고 다른 생이 주목 받습니다. 지금도 기특하고 갸륵한 모든 생은 주목받지 않더라도, 대접받지 않을지라도 묵묵하고 굳건하게 세상을 굴리고 있습니다. 그런 모든 존재에게 -어쩌면 나와 당신에게- '덕분이라고' 말해주고 싶습니다.

    딸 부잣집 넷째 딸은 날 때부터 덤이었다
    해산 후 미역국도 못 받은 산모처럼
    한평생 생일상 한 번 맘 편히 받지 못했다

    제 밥그릇 타고나니 내버려둬도 살겠지,
    파도가 우는 대로 파랑이 밀치는 대로
    그 누가 돌보지 않아도 발아하던 생의 포자

먹이 사슬 맨 아래, 빛만 먹고살면서도
제 몸의 몇 배 되는 포식자를 이고 지고
바위틈 아무 데에나 무덕무덕 피어나던

해풍에 머리색도 다 빠진 흰 노파는,
땅 위의 숨탄것들 젖어미 되어 주는
바닷속 돌미역같이 살았노라, 말했다
　　　　　　　　　　　－「미역, 그 갸륵함에 대하여」 전문

ㅅㅐ롭게, ㅅㅣ작_ #뜨겁게

마티스의 그림처럼

 오로지 미술관을 가기 위해 파리에 간 적이 있습니다. 직접 본 다비드의 나폴레옹 대관식은 웅장함과 정교함의 극치였습니다. 행복을 전하는 르누아르의 작품도 좋았습니다. 프랑스 상징주의를 대표하는 귀스타브 모로의 아틀리에는 신비롭고 몽환적인 그림으로 가득했습니다. 고흐, 피카소, 로댕……. 인류사의 한 획을 그은 작품을 실제로 보았던 감동은 10년이 지난 지금도 잊히지 않습니다.
 앙리 마티스의 그림은 그중 단연 으뜸이었습니다. 마티스의 그림을 참 좋아합니다. 그의 그림을 처음 책에서 보앉을 때, 이게 뭐야, 싶었습니다. 그림을 너무 못 그리지만 '좀 배우면 나도 곧 그리겠다' 싶은 생각마저 들었습니다.

그의 그림은 고전적으로 '잘 그린 그림'이 아닙니다. 거침없는 원색에 거칠고 단순한 형체는 고전적인 미술 작품과 같은 디테일이 없습니다. 하지만 그의 작품을 보다 보면 역동적인 감정이 살아나고 입체와 운동감이 강하게 느껴집니다. 피카소는 그런 그의 그림을 보고 '마티스의 뱃속에는 뜨거운 태양이 있다'고 했습니다. 뜨거움과 새로움, 강렬함과 꿈틀거림이 그의 작품 속에 있습니다.

사진기의 발명은 미술계에 큰 변화를 가져왔습니다. 사진기의 발명 후, 미술은 얼마나 실제와 똑같이 그리냐를 따지던 '재현 미술'에서 벗어나 내면을, 감정을, 빛을, 의미와 상징을 화폭에 담기 시작했습니다. 인간이 사진기보다 더 정교하게 그려내기 어려웠기 때문입니다. 덕분에 미술은 추상으로 나아갈 수 있었고 마티스의 그림은 그 시작점에 있었습니다.

얼마 전, AI가 만든 곡이 공모전에서 1위를 하여 논란이 된 적이 있습니다. 충격적인 일입니다. AI가 이렇게나 빠르게 발전하고 있습니다. 사진기의 발명이 화가에게 질문을 던졌듯, AI의 발명은 음악가에게, 작가에게, 모든 예술가에게 질문을 던지고 있습니다. 어떻게 이보다 더 아름답게 만들 것인가.

마티스의 그림에서 답을 찾아봅니다. 그의 그림은 당시에는 없던 새로움-독창으로 가득합니다. 그 속에는 새로운 아름다움이 있습니다. 누구나 그릴 수 있을 것 같지만 아무나 그리지 못합니다. 설사 누군가 똑같이 그리더라도, 심지어 마티스를 넘어선 결과물을 만들더라도 마티스의 그림과 같은 의미를 가질 수 없습니다. 그것은 '고유한 그가, 그 시대에' 그린 것이기 때문입니다. 새로움-독창, 아름다움과 고유함. 마티스의 그림에는 이런 예술의 본질이 잘 담겨 있습니다.

AI가 인간보다 더 자주, 더 많이 아름다운 창작물을 만들고 사람들이 그것을 예술로서 소비할 날이 언젠가 올 것이라 생각합니다. 어쩌면 이미 왔는지도 모릅니다. 주변의 작가, 예술가들은 이제 이 새로운 시대를 어떻게 맞을 것인지 깊이 고민하고 있습니다.

그런 고민을 함께 이어가다 보면 그 끝에는 결국 '사람'과 '새로움'이 서 있음을 알게 됩니다. 예술의 주체와 객체는 모두 사람입니다. '사람'이 하기에 가치가 생기고, '그 사람'이기에 의미가 있습니다. 그리고 새로움을 추구하는 독창성, 창의성이야말로 '인간다움'을 정의하는 최후의 요소

일 것입니다. 미술가들이 사진기가 담아내는 '진상(眞像)'을 넘어 '추상'으로 나아갔듯 이 시대의 예술가와 인간은 인공지능을 넘어 또 새로운 길을 만들어 갈 것이고 그래야만 할 것입니다. 우리는 모두 창조하는 인간-호모 크레아티부스(Homo Creativus)이기 때문입니다.

처음 시조를 가르쳐 주신 스승님께 등단 소식을 전했던 날, 스승님은 딱 한 가지를 당부하셨습니다. '새롭게 쓰라.' 제자를 보아하니, '고전적으로 아름답게 쓰기'는 좀 틀린 것 같아서 하신 말씀일지도 모르겠습니다만, 아무튼 그 말씀은 지금까지도 시작(詩作)의 중심추가 되고 있습니다.

그리하여 누군가 내게 어떤 작가가 되고 싶은지 묻는다면, 나는 '마티스의 그림과 같은 글을 쓰는 사람'이 되고 싶다 하겠습니다. 내가 좋아하는 마티스의 그림처럼, 야수파 앙리 마티스처럼, 스승님의 당부처럼 오직 새롭고 뜨겁게 쓰는 사람이고 싶습니다.

    고요히
    하지만 누구보다 느껍게
    순하게
    그러나 여지없이 단단하게
    겸허히
    그럴지라도 죽도록 간절하게

깊게

그리고 더없이 담박하게

짙게

그렇지만 하염없이 순수하게

뜨겁게

그럼에도 불구하고

남김없이 **뜨겁게**

-「뜨겁게·1 - 좌우명」 전문

아름답기 때문에

이 책에 담긴 시는 모두 일정한 형식을 갖춘 정형시-'시조'입니다. 그리고 나는 글 쓰는 사람, 시조 시인입니다.

시조를 계속 쓸 것인가, 왜 시조를 쓰는가라는 질문을 종종 받습니다. 질문하는 사람에 따라 그 질문은 시조의 정체성을 지켜가라는 당부로 들리기도, 관심과 애정으로 들리기도, 걱정으로 들리기도, 패시브-어그레시브(Passive-aggressive)로 들리기도 합니다.

생각해 보았습니다. 왜 계속 시조를 쓰는지. 처음 글을 시조로 배워서? 시조로 등단했기 때문에? 시조로 청탁이 들어오니까? 그런 이유도 틀리지 않을 것입니다. 하지만

속 시원한 답은 아닙니다.

　나는 개인의 영역을 중요하게 생각하는 사람이라 굳이 나의 관심을 원하지도, 필요로 하지도 않는 곳에 오지랖을 부리거나 관심을 갖는 일이 좀처럼 없는 편입니다. 다른 사람의 압박이나 강요로 '하기 싫은 일을 억지로 고수하는' 사람도 아닙니다. 그런 성향인 탓에, 답은 매우 간단합니다. 시조를 쓰는 이유는, 어떤 우연 혹은 필연으로 시작되었든 간에 이 형식이 내게 잘 맞고, 재미있으며, 끝내 이 형식으로 글을 완성했을 때 아름다움을 느끼기 때문입니다. 시조는 쓰는 맛과 읽는 맛, 보는 맛이 형형(形形)합니다. 수학자들이 완벽한 공식을 보고 희열과 아름다움을 느끼는 것처럼, 까다롭기 짝이 없는 이 형식 안에 내가 원하는 내용이 담겼을 때, 나는 희열과 아름다움을 느낍니다.

　아름답기 때문에.
　내가 시조를 쓰는 이유에 대해, 써야 할 이유에 대해 이보다 맞는 답을 찾기가 아직은 어렵습니다.
　당신을 사랑하는 이유가 예뻐서, 멋져서, 귀여워서—결국 어떤 형태로든 아름다움을 느꼈기 때문이듯이. 이 형식으로 글이 완성되었을 때, 나는 아름다움을 느낍니다.
　결국, 아름답기 때문에. 그것이 가장 큰 이유입니다.

'ㅅ'

굳이 의식하여 쓴 것은 아니었지만, 어쩌다 보니 이 글의 주요 키워드는 초성 'ㅅ'으로 시작하게 되었습니다. ㅅ은 사람(人)을 뜻하는 한자와 비슷하게 생기기도 했습니다.

ㅅ람. 읽어주고 소통하는 사람이 있어야 글은 생명을 가질 수 있습니다.

소중한 사람. 당신의 귀한 시간을 내어 여기까지 섬세하고 집요한 상상과 생각의 산물을 읽어주어 정말 고맙습니다. 이제 이 책에 실린 글은 나의 손을 떠났습니다. 나를 떠난 글들이 한순간이라도 당신의 마음을 붙잡는다면, 그래서 혹여 오래도록 곁에 머물 수 있다면 그것이 나에게는 곧 영원과 견줄 'ㅅ랑'이 될 것입니다.

시인수첩 시인선 093
지구를 돌리며 왔다

ⓒ 이현정, 2025

초판 1쇄 발행 2025년 2월 19일
초판 2쇄 발행 2025년 3월 19일

지은이 | 이현정
발행인 | 이인철

펴낸곳 | (주)여우난골
주　소 | 서울특별시 강남구 언주로30길 27, 606호 (도곡동 우성리빙텔)
전　화 | 02-572-9898
팩　스 | 0504-981-9898
등　록 | 2020년 11월 19일 제2020-000328호

블로그 | blog.naver.com/seenote
이메일 | poetmemo@naver.com

ISBN 979-11-92651-33-0 03810

• 파본은 구매처에서 바꾸어 드립니다.

• 이 시집은 서울특별시, 서울문화재단 '2024년 첫 책 발간지원 사업'의 지원을
　받아 발간되었습니다.